Katja Werthmann
Enklaven

Für Kai mit herzlichem
Dank für die gute
Zusammenarbeit!
Alles Gute für die
Zukunft!

Katja

Dialektik des Globalen. Kernbegriffe

Herausgegeben vom Sonderforschungsbereich 1199 „Verräumlichungsprozesse unter Globalisierungs-bedingungen" der Universität Leipzig, dem Leibniz-Institut für Geschichte und Kultur des östlichen Europa und dem Leibniz-Institut für Länderkunde

Band 10

Katja Werthmann

Enklaven

—

DE GRUYTER
OLDENBOURG

Gefördert von der Deutschen Forschungsgemeinschaft

DFG Deutsche
Forschungsgemeinschaft

ISBN 978-3-11-064175-2
e-ISBN (PDF) 978-3-11-064599-6
e-ISBN (EPUB) 978-3-11-064216-2

Library of Congress Cataloging-in-Publication Data
A CIP catalog record for this book has been applied for at the Library of Congress.

Bibliografische Information der Deutschen Nationalbibliothek
Die Deutsche Nationalbibliothek verzeichnet diese Publikation in der Deutschen Nationalbiblio-
grafie; detaillierte bibliografische Daten sind im Internet über http://dnb.dnb.de abrufbar.

© 2020 Walter de Gruyter GmbH, Berlin/Boston
Cover image: Zaun um das Gelände der Houndé Gold Mine, Burkina Faso, (c) Katja Werthmann
Printing & binding: CPI books GmbH, Leck

MIX
Papier aus verantwor-
tungsvollen Quellen
FSC
www.fsc.org   FSC® C083411

www.degruyter.com

Inhalt

Inhalt

1 Einleitung

Eine der großen Fragen, die in zahlreichen Foren im Zusammenhang mit Globalisierung kontrovers debattiert werden, ist die Rolle und das Gewicht von Nationalstaaten. Deren Handlungsspielraum schien vor allem in den 1990er Jahren mit der rasant zunehmenden Anzahl und Geschwindigkeit an grenzüberschreitenden Aktivitäten und Transaktionen sowie der Etablierung von globalen und regionalen Institutionen und Regulierungsmechanismen zu schwinden. Die Machtfülle multinationaler Konzerne und Finanzinstitutionen rief in der Öffentlichkeit Kritik und Proteste gegen „Heuschrecken-Kapitalismus" hervor. Ungleiche Entwicklung brächte „Globalisierungsverlierer" hervor, wozu viele Länder des sogenannten Globalen Südens gehören.

Im Rahmen des SFB 1199 fragen wir, ob und wie sich unter Globalisierungsbedingungen Raumformate und Raumordnungen wandeln. Raumformate sind „gleichermaßen Strukturen, die das soziale Handeln prägen, und Imaginationen, die das soziale Handeln anleiten. Und sie sind das Produkt des Handelns genauer bestimmbarer Akteure bzw. Akteursgruppen".[1] Ein solches Raumformat ist der Nationalstaat. Wie wirkt er mit neuen Raumformaten in geänderten Raumordnungen zusammen?

Der vorliegende Beitrag behandelt diese Fragen am Beispiel des Raumformates „Enklave". Politische und wirtschaftliche Enklaven gelten in wissenschaftlichen und populären Diskursen oft als Konkurrenz zum Nationalstaat. Manche Autoren sehen die Zunahme von Enklaven verschiedener Art als zwangsläufige Begleiterscheinung des global expandierenden Kapitalismus.[2] Enklavenbildung wird in einem Teilprojekt des SFB anhand von empirischen Untersuchungen zu extraktiven Industrien im subsaharischen Afrika näher betrachtet, was gleichzeitig zu einer breiteren Erörterung dieses Phänomens einlädt. Aus unseren vorläufigen Ergebnissen lässt sich die These ableiten, dass bestimmte Ressourcen wie Bodenschätze und die daran gekoppelten Formen der

---

1 M. Middell, *Raumformate – Bausteine in Prozessen der Neuverräumlichung*. Working Paper Series SFB 1199 No. 14 (2018), https://research.uni-leipzig.de/~sfb1199/wp-content/uploads/2019/02/WP14_Middell_190125.pdf (zuletzt aufgerufen 25.4.2019)
2 J. Ferguson, „Seeing Like an Oil Company: Space, Security, and Global Capital in Neoliberal Africa", *American Anthropologist* 107 (2005) 3, S. 377–382; J. Ferguson, „Governing Extraction. New Spatializations of Order and Disorder in Neoliberal Africa", in: Ders., *Global Shadows. Africa in the Neoliberal World Order*, Durham und London: Duke University Press, 2006, S. 194–210; J. D. Sidaway, „Enclave Space: A New Metageography of Development?", *Area* 39 (2007) 3, S. 331–339; B. S. Turner, „The Enclave Society: Towards a Sociology of Immobility", *European Journal of Social Theory* 10 (2007) 2, S. 287–303.

Transnationalisierung von entsprechenden Wertschöpfungsketten sowie die Tendenz zum *rent seeking* seitens der Regierungen bestimmte Raumformate hervorbringen, darunter prominent die Enklave. Wo Enklavenbildung stattfindet, gibt es oft aber auch Bestrebungen, einer vollständigen Abschottung extraktiver Aktivitäten entgegen zu wirken. Sowohl der Nationalstaat als auch Akteure auf substaatlicher Ebene tragen durch Regulierung, Verhandlung oder Protest dazu bei, dass Fördergebiete von Rohstoffen nicht vollständig von Wirtschaft und Gesellschaft abgekoppelt werden.

In den folgenden Abschnitten stelle ich zunächst kurz verschiedene Definitionen und Verwendungen der Bezeichnungen „Enklave" vor. Dann erläutere ich die „extraktive Enklave" und den damit zusammenhängenden „Rohstoff-Fluch" (*resource curse*). Anschließend diskutiere ich Fergusons These der Enklavenbildung (*enclaving*) im Rohstoff-Abbau in Afrika und deren kritische Rezeption. Dabei führe ich eine weitere Raummetapher ein, welche in Diskursen über Bergbau prominent ist, die *frontier*, und diskutiere das Verhältnis von Enklave und *frontier* zueinander.

Als Enklave (von französisch *enclaver* „einschließen, umschließen") bezeichnet man in geographisch-politischer Hinsicht ein Staatsgebiet, welches vollständig vom Gebiet eines anderen Staates umschlossen ist.[3] Beispiele sind San Marino und die Vatikanstadt innerhalb von Italien oder Lesotho innerhalb von Südafrika. Im übertragenen Sinne spricht man auch von Enklaven, wenn sich innerhalb eines geografischen Gebiets inselartig Siedlungen oder Gemeinschaften befinden, die sich kulturell oder sprachlich von ihrer Umgebung unterscheiden (z. B. „Sprachinseln" wie das Sorbische in Sachsen). Die Bezeichnung Enklave findet sich darüber hinaus in der sozialwissenschaftlichen Literatur in unterschiedlicher Bedeutung. Im Folgenden werden einige dieser Verwendungen skizziert.

---

3 H. Leser (Hg.), *Diercke Wörterbuch Allgemeine Geographie*, 13. Auflage. München/Braunschweig: Deutscher Taschenbuch Verlag/Westermann, 2005, S. 189.

2 Sozialräumliche Segregation

Eine Verwendung von „Enklave" bezieht sich auf Phänomene sozialräumlicher Segregation in Städten. Das Resultat solcher Segregationsprozesse wird oft auch „Ghetto" genannt. Separate Wohngebiete für Angehörige bestimmter Berufsgruppen, Völker oder Religionen gab es schon in den Städten der Antike. Als „Ghetto" bezeichnete man erstmals 1516 in Venedig das abgeschlossene jüdische Wohnviertel. Während des Dritten Reichs wurden Sammellager für Juden vor der Deportation in Vernichtungslager Ghetto genannt. Seit den 1920er Jahren verwendet man diese Bezeichnung für Stadtteile mit überwiegend armer und unterprivilegierter Bevölkerung in US-amerikanischen Großstädten.[1] Wacquant hebt hervor, dass sich marginalisierte Bevölkerungsgruppen und Stadtteile in europäischen Ländern nicht mit dem US-amerikanischen „Hyperghetto" vergleichen lassen.[2] Während letzteres durch eine systemische Exklusion, Kriminalisierung und „territoriale Stigmatisierung" der afroamerikanischen Bevölkerung gekennzeichnet sei, verhindere der Staat in europäischen Ländern in der Regel eine solche Polarisierung.

Gelten Ghettos als Räume für Stadtbewohner, die aufgrund verschiedener Merkmale sozial ausgegrenzt werden, so sind „gated communities" selbst gewählte urbane Rückzugsorte. Seit den 1970er Jahren wächst in den USA die Anzahl von Wohnsiedlungen, welche von Mauern oder Zäunen umgeben und von Sicherheitsdiensten bewacht werden.[3] Luymes zeigt auf, dass die Herausbildung urbaner Enklaven in Form von abgeschlossenen Wohnsiedlungen in US-amerikanischen Großstädten mit verschiedenen Aspekten wie sozialer Fragmentierung, steigenden Bedürfnissen nach Privatsphäre und Sicherheit, der Entwicklung von Grundstücksmärkten und Suburbanisierung zusammenhängen.[4] „Gated communities" sind eine Reaktion auf eine (wahrgenommene) Zunahme von Kriminalität und eine abnehmende Leistungsfähigkeit staatlicher Sicherheitsdienste.

---

1 M. Duneier, *Ghetto. The Invention of a Place, the History of an Idea*, New York: Farrar, Straus and Giroux, 2016; W. Z. Goldman und J. W. Trotter, Jr. (Hg.), *The Ghetto in Global History. 1500 to the Present*, New York: Routledge, 2018.
2 L. Wacquant, *Die Verdammten der Stadt. Eine vergleichende Soziologie fortgeschrittener Marginalität*, Wiesbaden: Springer, 2017.
3 E. J. Blakely und M. G. Snyder, *Fortress America: Gated Communities in the United States*. Washington, D.D.: Brookings Institution Press, 1997; S. Low, *Behind the Gates: Life, Security, and the Pursuit of Happiness in Fortress America*, London: Routledge, 2003.
4 D. Luymes, „The Fortification of Suburbia: Investigating the Rise of Enclave Communities", *Landscape and Urban Planning* 39 (1997), S. 187–203.

Der Umzug in eine „gated community" kann ein Distinktionsmerkmal sein: Diese Lebensform muss man sich leisten können. Caldeira nennt die von ihr erforschten „gated communities" in Sao Paulo und Los Angeles „fortified enclaves".[5] Geschützte Wohnsiedlungen sind für Eliten attraktiv, weil sie gleichzeitig Sicherheit, Abgeschlossenheit, soziale Homogenität, Annehmlichkeiten und Dienstleistungen bieten. Die Einwohner der „fortified enclaves" schotten sich freiwillig selbst ab und tragen damit zu einer Fragmentierung der urbanen Öffentlichkeit bei. Gleichzeitig hängt der Lebensstil der Bewohner von „fortified enclaves" ab von häuslichen Dienstleistungen durch Angehörige der ärmeren Schichten, von denen sie sich eigentlich abgrenzen wollen.

Das Phänomen findet sich zunehmend auch im Globalen Süden. So sehen Bezuidenhout und Buhlungu die Verfestigung urbaner Enklaven wie *suburb, compound, township* und *homeland* in südafrikanischen Bergbaustädten als Symptom der Post-Apartheids-Ära, die von staatlicher Schwäche und zunehmender sozio-ökonomischer Ungleichheit charakterisiert ist.[6]

---

5 T. Caldeira, „Fortified Enclaves: The New Urban Segregation", *Public Culture* 8 (1996) 2, S. 303–328.
6 A. Bezuidenhout und S. Buhlungu, „Enclave Rustenburg: Platinum Mining and the Post-Apartheid Social Order", Review of African Political Economy 42 (2015) 146, S. 526–544.

3 Urbane ethnische Enklavenökonomien

Inwiefern ethnische Zugehörigkeit, Beschäftigung, wirtschaftlicher Erfolg und räumliche Konzentration zusammenhängen, war Gegenstand von Debatten über die „ethnic enclave economy" (EEE) in den 1980er und 1990er Jahren.[1] Ethnische Enklavenökonomien sind gekennzeichnet durch eine „räumliche Konzentration von Unternehmen, starke ökonomische Interdependenzen mit der community und einer Konzentration von Landsleuten als Beschäftigte".[2] Das Konzept wurde mit Bezug auf Einwanderergruppen in den USA entwickelt. Wilson und Portes[3] beobachteten in den 1970er Jahren, dass kubanische Einwanderer in Miami vorwiegend von kubanischen Arbeitgebern beschäftigt wurden, die sich bereits erfolgreich in bestimmten Wirtschaftszweigen als Unternehmer etabliert und sich auf Produkte und Dienstleistungen für die kubanische Gemeinschaft spezialisiert hatten. Wegen mangelnder Englischkenntnisse war es für neue Einwanderer von Vorteil, zunächst in kubanischen Betrieben arbeiten zu können. Selbst wenn die zuletzt Eingewanderten später andere Beschäftigungen ergriffen, konnten die Arbeitgeber sie durch neu Eingewanderte ersetzen. Unter den kubanischen Unternehmen, Zulieferbetrieben und anderen Gewerben entstanden so enge wirtschaftliche Netzwerke, die auf Vertrauensbeziehungen basierten, welche wiederum durch eine gemeinsame Herkunft, Sprache und Werte möglich waren. Wirtschaftliche Gewinne verblieben weitgehend innerhalb der Netzwerke.

Die ethnische Enklave war 1) ein separater wirtschaftlicher Sektor, in dem 2) das im Herkunftsland erworbene Humankapital zu höheren Einkommen führte als in anderen Beschäftigungen für Immigranten außerhalb der Enklave und 3) dass Unternehmer in der Enklave höhere Gewinne erzielten als Immigranten mit vergleichbarem Humankapital, selbst wenn diese in besseren Sektoren der allgemeinen Wirtschaft beschäftigt waren.

---

1 K. L. Wilson und A. Portes, „Immigrant Enclaves: An Analysis of the Labor Market Experiences of Cubans in Miami", *American Journal of Sociology* 86 (1980), S. 295 – 319; A. Portes und L. Jensen, „Disproving the Enclave Hypothesis: Reply", *American Sociological Review* 57 (1992) 3, S. 418 – 420; R. Waldinger, „The Ethnic Enclave Debate Revisited", *International Journal of Urban and Regional Research* 17 (1993) 3, 444 – 452; P. Werbner, „South Asian Entrepreneurship in Britain: A Critique of the Ethnic Enclave Economy Debate", in: L.-P. Dana (Hg.), *Handbook of Research on Ethnic Minority Entrepreneurship*, Cheltenham: Edwar Elgar, 2007, S. 375 – 389.
2 R. Haberfellner (unter Mitarbeit von F. Betz, M. Böse, J. Riegeler), *Ethnic Business. Integration vs. Segregation*, Forschungsschwerpunkt Fremdenfeindlichkeit des BMWK Endbericht, Wien: ZSI, 2000, 13.
3 Wilson und Portes, „Immigrant Enclaves".

Portes und Manning postulierten, dass Immigranten in einer solchen Enklavenökonomie sozial mobiler seien, da ihnen die Solidarität innerhalb der Netzwerke den Schritt in eine wirtschaftliche Selbständigkeit erleichtere.[4] Innerhalb der Gemeinschaft existiert ein sozialer Druck zu Solidarität und Reziprozität. Von Arbeitgebern wird erwartet, dass sie sich über das vertragliche Verhältnis hinaus um das Wohlergehen der Beschäftigten kümmern und sie fördern. Eine voll ausgebildete Enklavenökonomie ist eine Parallelwelt: für viele besteht kaum eine Notwendigkeit, sich außerhalb davon zu bewegen.

Die Thesen von Portes und seinen Ko-Autoren wurden kontrovers diskutiert, wobei manche Kritiker vornehmlich Methoden für Messbarkeit und Vergleich diskutierten oder die ursprüngliche These verkürzt darstellten. In einem Rückblick heben Portes und Shafer hervor: „In assessing these and other critics, it should be noted that the original formulation of the hypothesis never asserted that enclave employees would have higher earnings, on average, than their counterparts in the mainstream economy. Instead, the point was that enclaves were entrepreneurial incubators, showing wage workers the ropes to become self-employed themselves and that this shift, in turn, led to improved economic circumstances".[5] Nicht jede „ethnische Ökonomie" brächte eine „ethnische Enklavenökonomie" hervor. Darüber hinaus spielten historische Gegebenheiten und Generationsunterschiede eine Rolle für die Integration innerhalb einer Enklave. Portes und Shafer beobachteten einen großen Unterschied zwischen Kubanern, die vor und nach 1980 in Miami ankamen. Die später Zugewanderten wurden nicht automatisch in die Netzwerke der Etablierten integriert.

Werbner definiert die ethnische Enklavenökonomie als „networked cluster of ethnic firms producing particular goods, along with the connected ethnic firms and services servicing the cluster".[6] Sie hebt hervor, dass eine ethnische Enklavenökomie kein territorial definierter Raum sein muss. Die Enklave kann lokalisiert oder verstreut sein. Das Besondere an der kubanischen Enklavenökonomie in Miami, ähnlich wie die von ihr untersuchte südasiatische Enklavenökonomie in Manchester, sei ihre sowohl vertikale als auch horizontale Integration (Lieferketten zwischen Herstellern, Großhändlern und Einzelhändlern, gegenseitige

---

4 A. Portes und R. Manning, „The immigrant enclave: Theory and empirical examples", in: J. Nagel und S. Olzak (Hg.), *Competitive Ethnic Relations*, Orlando, Fl.: Academic Press, 1986, S. 47–68.
5 A. Portes und S. Shafer, *Revisiting the Enclave Hypothesis: Miami Twenty-Five Years Later.* The Center for Migration and Development Working Paper Series. Princeton University. CMD Working Paper #06–10 2006, S. 10.
6 P. Werbner, „Metaphors of Spatiality and Networks in the Plural City: A Critique of the Ethnic Enclave Economy Debate", *Sociology* 35 (2001) 3, S. 671–693, hier S. 379.

Kundendienste). Die Betonung der organisatorischen Verbindungen zwischen Firmen innerhalb der Enklave hätten viele Kritiker von Portes u. a. übersehen: „the hypothesis avoids simplistic individualistic models of firm success in favour of collective models which encompass individual agency within a broader theory of expanding ethnic socio-economies composed of interrelated, small and medium-sized enterprises".[7]

Wichtig ist hier der Hinweis darauf, dass eine ethnische ökonomische Enklave nicht gleichzusetzen ist mit einem abgeschlossenen Territorium.

---

7 Ebd., S. 690.

4 Enklavenökonomie und Enklavendemokratie

Aus der Perspektive der Wirtschaftswissenschaften, insbesondere der Entwicklungsökonomie und der politischen Ökonomie, können ganze Volkswirtschaften oder bestimmte Sektoren darin als Enklaven kategorisiert werden. Nach Conning und Robinson sind Enklavenökonomien Volkswirtschaften, in denen ausländische Firmen den Hauptexportsektor kontrollieren.[1] Das Investitionskapital stammt von außerhalb der jeweiligen Volkswirtschaft und die produzierten Güter werden auf externen Märkten verkauft. Nohlen definiert Enklave als „Begriff zur Bezeichnung der modernen, kapitalintensiven, hochproduktiven und international wettbewerbsfähigen Teile von Ökonomien, die im Wesentlichen nur mit dem Weltmarkt verbunden sind, kaum jedoch mit den sie im eigenen Land umgebenden, vormodernen, entwicklungsbedürftigen Teilen der Volkswirtschaft".[2]

Eine Form von Enklavenökonomie bilden die Sonderwirtschaftszonen (*Export Processing Zone*).[3] Diese sind mehr oder weniger klar abgegrenzte Zonen in einem Land, innerhalb derer Güterhandel, Industrieproduktion oder Bereitstellung von Dienstleistungen stattfindet. Die jeweilige Regierung wirbt um ausländische Investoren, indem sie innerhalb einer Sonderwirtschaftszonen z. B. Infrastrukturen, Vereinfachungen von Genehmigungsverfahren, Zollfreiheit für den Import von Rohstoffen oder Steuerbefreiungen für einen bestimmten Zeitraum garantiert. Regierungen erhoffen sich von Sonderwirtschaftszonen eine Zunahme ausländischer Direktinvestitionen, Exportsteigerung, Arbeitsplätze sowie Technologie- und Wissenstransfer. Der Erfolg solcher Sonderwirtschaftszonen ist jedoch umstritten. Negative Begleiterscheinungen sind u. a. Kapitalflucht, Missachtung von Arbeits- und Umweltstandards, Abhängigkeit von Konjunkturschwankungen, mangelnde Wohlfahrtswirkung.[4] Darüber hinaus lassen sich Modelle von Son-

1 J. A. Robinson und J. H. Conning, „Enclaves and Development: An Empirical Assessment." *Studies in Comparative International Development* 44 (2009), S. 359–385.

2 D. Nohlen und R.-O. Schulze, *Lexikon der Politikwissenschaft*, Bd. 1, 3. Auflage, München: Beck., 2005, S. 190.

3 M. Maruschke, „Special Economic Zones and Transregional State Spatiality", in: M. Middell (Hg.), *The Routledge Handbook of Transregional Studies*, New York: Routledge, 2019.

4 P. G. Warr, „Export Processing Zones: The Economics of Enclave Manufacturing", *The World Bank Research Observer* 4 (1989) 1, S. 65–88; U. Kerkow und J. Marten, *Sonderwirtschaftszonen. Entwicklungsmotoren oder teures Auslaufmodell der Globalisierung?* DGB Bildungswerk BUND/ Global Policy Forum Europe/terre des hommes Arbeitspapier, 2010.

derwirtschaftszonen, die in Asien erfolgreich waren, nicht umstandslos in andere Teile der Welt übertragen.[5]

Mbaiwa bezeichnet den Tourismus im Okavango-Delta von Botswana als „Enklaventourismus".[6] Zwar schaffe der Tourismus einige Verkettungseffekte wie Errichtung von Infrastruktur, Arbeitsplätze für Einheimische, Zunahme von Groß- und Einzelhandel, doch die meisten Unternehmen werden von Ausländern geführt, die Touristen sind fast ausnahmslos Ausländer und der größte Teil der Gewinne wird repatriiert.

Der Enklavenbegriff wurde überdies auf andere politische und soziale Phänomene ausgedehnt. In ihrer Typologie „defekter" Demokratien identifizieren Croissant und Thiery die „Enklavendemokratie" als ein Regime, in dem „Vetomächte" wie Militär, Guerilla, Miliz oder multinationale Konzerne „bestimmte politische Domänen dem Zugriff der demokratisch legitimierten Repräsentanten und Regierungsautoritäten entziehen".[7] Der populäre Sprachgebrauch kennt auch den „Staat im Staate", der sich auf Gruppierungen oder Machteliten bezieht, die innerhalb eines bestimmten Bereiches nur ihren eigenen Regeln folgen.

Turner beobachtet im Zuge der jüngsten Globalisierungsprozesse das Entstehen einer „Enklavengesellschaft", die – entgegen der Vorstellung von der Omnipräsenz und Allgewalt „globaler Flüsse" – von wachsender Immobilität geprägt sei.[8] Dies schlage sich u. a. in verschärften Formen der Kontrolle von internationaler Mobilität nieder. Neue „Regime der Immobilität" basieren seiner Beobachtung nach auf neuen Formen von Fremdenfurcht, insbesondere seit den terroristischen Anschlägen in New York am 11. September 2001. Regime der Immobilität umfassen Absonderung, Verwahrung und Abschließung. Sie manifestieren sich in „gated communities", Ghettos für legale und illegale Migranten, Internierungen und anderen Formen von Mobilitätskontrolle für (vermeintliche) Kriminelle, aber auch in Formen von Quarantäne gegen die Ausbreitung von Pandemien. Sidaway fragt zeitgleich, ob Enklaven wie Sonderwirtschaftszonen

---

5 T. Farole und L. Moberg, *It worked in China, so why not in Africa? The political economy challenge of special economic zones*, WIDER Working Paper 152 (2014).

6 J. E. Mbaiwa, „Enclave Tourism and its Socio-Economic Impacts in the Okavango Delta, Botswana", *Tourism Management* 26 (2005), S. 157–172.

7 A. Croissant und P. Thiery, „Von defekten und anderen Demokratien", *WeltTrends* 29 (2000/ 2001), S. 9–32.

8 B. S. Turner, „The Enclave Society: Towards a Sociology of Immobility", *European Journal of Social Theory* 10 (2007) 2, S. 287–303.

oder die extrem segegrierten Städte in den Golfstaaten als eine neue „Meta-Geografie von Entwicklung" verstanden werden können.[9]

Es wird deutlich, dass die Bezeichnung „Enklave" für unterschiedliche Phänomene und Prozesse verwendet wird. Gemeinsam ist den hier aufgeführten Verwendungen, dass Enklaven als Räume oder Netzwerke gedacht werden, die in sozialer, politischer oder wirtschaftlicher Hinsicht von den sie umgebenden Räumen wie Nationalstaaten, Städten oder Wirtschaftssektoren abgegrenzt sind und innerhalb derer eigene Regeln gelten. Enklaven umschließen soziokulturelle Minderheiten, „Staaten im Staate" oder Produktionszonen, die den Interessen auswärtiger Akteure oder bestimmter Interessengruppen dienen. Enklaven können durch Ausgrenzung bestimmter Gruppen enstehen oder strategisch errichtet werden.

---

9 J. D. Sidaway, „Enclave Space: a New Metageography of Development?" *Area* 39 (2007) 3, S. 331–339.

5 Extraktive Enklaven und Rohstoff-Fluch

Eine Variante der wirtschaftlichen Enklave ist die extraktive Enklave. Räumlich deutlich abgegrenzte extraktive Enklaven sind z. B. Ölbohrinseln sowie schwer erreichbare oder strikt abgeriegelte Fördergebiete anderer Rohstoffe wie Metalle und Mineralien. In Ländern des Globalen Südens mangelt es in der Umgebung von Fördergebieten oft an Infrastrukturen wie Straßen oder an qualifizierten Arbeitskräften. Enklaven im extraktiven Sektor sind dadurch charakterisiert, dass die Förderung von Rohstoffen kaum Wertschöpfungsketten innerhalb des Landes begründen, in dem sie extrahiert werden. Die in diesen Enklaven aktiven, meist multinationalen Unternehmen importieren die benötigte Produktionstechnologie und oft sogar die Arbeitskräfte, während die geförderten Ressourcen komplett exportiert werden. Die von den Unternehmen errichteten Infrastrukturen stehen den Anrainergemeinden in der Regel nicht zur Verfügung.[1]

Was Gudynas für Lateinamerika beschreibt, lässt sich in vielen Teilen der Welt beobachten: „Das Voranschreiten der Ressourcenausbeutung in Bergbau, Erdölförderung und exportorientierten Monokulturen hat tiefgreifende territoriale Auswirkungen. In vielen Fällen kündigen sich diese in der Ankunft von Arbeiter_innen und Techniker_innen mit ihren Ausrüstungsgegenständen in abgelegenen Gebieten an, wo erneut Enklavenökonomien geschaffen werden. Dies vollzieht sich innerhalb eines Prozesses der ‚Deterritorialisierung', der dadurch gleichzeitig verstärkt wird. Dabei gelingt es dem Staat nicht, in seinem gesamten Gebiet angemessen und einheitlich Präsenz zu zeigen, etwa bei der Gewährleistung der Bürgerrechte oder öffentlicher Dienstleistungen, während er gleichzeitig aktiv die extraktiven Enklaven fördert und verteidigt. Solche Enklaven führen zu den verschiedenartigsten territorialen, sozialen und ökologischen Spannungen – von Gewaltproblemen bis zu Folgen für die Umwelt aufgrund der Kontamination."[2]

Das Entstehen extraktiver Enklaven ist die Begleiterscheinung eines Phänomens, welches seit den 1990er Jahren als Rohstoff-Fluch (*resource curse*) be-

---

1 M.W. Hansen, *From Enclave to Linkage Economies? A Review of the Literature on Linkages between Extractive Multinational Corporations and Local Industry in Africa*. Danish Institute for International Studies. DIIS Working Paper 2 (2014); R. Narula, „Multinational firms and the extractive sectors in the 21st century: Can they drive development?," *Journal of World Business* 53 (2018), S. 85–91.

2 E. Gudynas, „Der neue progressive Extraktivismus in Südamerika", in: Forschungs- und Dokumentationszentrum Chile-Lateinamerika/Rosa Luxemburg-Stiftung (Hg.), *Der Neue Extraktivismus. Eine Debatte über die Grenzen des Rohstoffmodells in Lateinamerika*, Berlin: FDCL-Verlag, 2012, S. 46–62, hier S. 51.

zeichnet wird.[3] Der Rohstoff-Fluch oder auch das „Paradox des Überflusses" (*paradox of plenty*) manifestiert sich darin, dass rohstoffreiche Länder des Globalen Südens trotz oder gerade wegen ihres Reichtums an natürlichen Ressourcen arm bleiben. Oßenbrügge resümiert die Annahmen über den Verlauf des Rohstoff-Fluchs in afrikanischen Staaten folgendermaßen:

„Ressourcenreiche Staaten realisieren durch den Export des Rohöls oder der Mineralien hohe Renten. Diese werten die einheimische Währung auf, wodurch sich einerseits Exporte der weiterverarbeitenden Güter verteuern, andererseits Importe billiger werden. Beide Wirkungen befördern die monostrukturelle Abhängigkeit von Primärgütern und erhöhen die Anfälligkeit von Preisschwanken für Rohstoffe. Weiterhin etablieren sich Bereicherungsnetzwerke, die sich die Renten überproportional aneignen und entsprechende politische Macht ausüben. Diese Verteilungsmuster führen zu ausgeprägten gesellschaftlichen Polarisierungen und behindern die Ausbildung einer starken Staatlichkeit und damit Möglichkeiten, die partikulare Rentenaneignung zu unterbinden. Folglich sind ressourcenreiche Staaten in Afrika fragil und latent gewaltsamen Konflikten ausgesetzt."[4]

Der Rohstoff-Fluch hat mehrere wirtschaftliche und politische Aspekte:

1. „Holländische Krankheit": Die *Dutch Disease* ist benannt nach den Folgen des Gasexports aus den Niederlanden in den 1960er Jahren. Der Rohstoffsektor wird besonders stark gefördert und expandiert, während die verarbeitende Industrie vernachlässigt wird. Es kommt zu einer Verminderung internationaler Wettbewerbsfähigkeit bei der Produktion industrieller Güter. Der sinkende Export dieser Güter führt dann zum Rückgang oder Verschwinden der jeweiligen Industrien und somit zu Problemen wie z.B. Arbeitslosigkeit.

2. Verschuldung: Durch den Zufluss von Devisen werden Importe sowie Zinsen für Kredite billiger. Regierungen verschulden sich in Erwartung zukünftiger Einkünfte aus dem Rohstoffexport. Wenn jedoch die Rohstoffpreise auf dem Weltmarkt wieder fallen, können die Regierung die nun teureren Schulden nicht mehr begleichen.

---

3 R. Auty, *Sustaining Development in Mineral Economies: The Resource Curse Thesis*, London: Routledge, 1993; Ders., „Mining Enclave to Economic Catalyst: Large Mineral Projects in Developing Countries", *The Brown Journal of World Affairs* XIII (2006) 1, S. 135–145; P. Collier und A. Hoeffler, „On the Economic Incidence of Civil War", *Oxford Economic Papers* 50 (1998), S. 563–573; J. D. Sachs und A. M. Warner, „The Curse of Natural Resources", *European Economic Review* 45 (2001), S. 827–838.
4 J. Oßenbrügge, „Ressourcenkonflikte in Afrika", *Wissenschaft und Frieden* 2 (2009), https://www.wissenschaft-und-frieden.de/seite.php?artikelID=1534 (zuletzt aufgerufen 25.4.2019)

3. Rentenstreben (*rent seeking*) und schlechte Regierungsführung: Politische Eliten konkurrieren um den Zugang zu Rohstoff-Renten, Regierungen investieren eher in den Ausbau von Bürokratie oder in den Ausbau ineffizienter Industrien. Die Einkünfte aus Rohstoffen können die Unabhängigkeit einer Regierung von der demokratischen Kontrolle durch die Bürger*innen verstärken, da sie nicht auf Steuereinnahmen angewiesen ist.

4. Gier oder Missstände (*greed or grievance*): Das Vorhandensein von Rohstoffen kann politische Konflikte auslösen oder verstärken. Bestimmte Gruppen können versuchen, die Kontrolle über Fördergebiete oder Einnahmen aus der Rohstoff-Förderung mit Gewalt zu erlangen. Die Gefahr von Konflikten bis hin zu Bürgerkriegen besteht insbesondere, wenn diese Gruppen schon vor Beginn der Rohstoff-Förderung benachteiligt wurden, z. B. durch Diskriminierung aufgrund von ethnischer oder religiöser Zugehörigkeit.

Über Gründe und Formen des Rohstoff-Fluchs existieren seit Jahren Debatten. Empirische Belege für einen kausalen Zusammenhang zwischen Rohstoffvorkommen und „Fluch" sind nicht eindeutig. Nach Basedau ist der Rohstoff-Fluch lediglich eine Probabilität und tritt nicht überall dort ein, wo er zu erwarten wäre.[5] Vielmehr sei der Kontext in einem konkreten Land relevant. Dazu gehören sozioökonomische, politische, länderspezifische und ressourcenspezifische Bedingungen sowie das regionale und internationale Umfeld vor und nach Beginn der Förderung. Damit sich ein „Fluch" entwickelt, müssen mehrere Variablen ineinandergreifen. Bereits die Erwartungen an zukünftigen Wohlstand und „Entwicklung" kann das Handeln von Akteuren auf nationaler und lokaler Ebene (z. B. Rebellengruppen) beeinflussen, selbst wenn die betreffende Ressource noch gar nicht gefördert wird.[6]

Um einem Rohstoff-Fluch entgegen zu wirken, haben sich seit Beginn der 2000er Jahre auf globaler, regionaler und nationaler Ebene verschiedene Initiativen, Kontrollmechanismen und Selbstverpflichtungen von Unternehmen etabliert. Hintergrund dafür waren unter anderem Umweltkatastrophen wie bspw. die Ölpest in Alaska infolge der Havarie des Öltankers Exxon Valdez im Jahr 1989

---

5 M. Basedau, *Context Matters – Rethinking the Resource Curse in Sub-Saharan Africa*, Hamburg: GIGA, Working Papers Global and Area Studies 1 (2005).

6 A. Behrends, „Fighting for Oil When There is No Oil Yet: The Darfur-Chad Border", in: A. Behrends, S. P. Reyna und G. Schlee (Hg.), *Crude Domination. An Anthropology of Oil*, Oxford: Berghahn, 2011, S. 81–106; G. Weszkalnys, „Cursed Resources, or Articulations of Economic Theory in the Gulf of Guinea", *Economy and Society* 40 (2011) 3, S. 345–372; S. W. J. Luning, „Processing Promises of Gold: A Minefield of Company-Community Relations in Burkina Faso", *Africa Today* 58 (2012) 3, S. 23–39.

und die Vermarktung von „Blutdiamanten" aus Bürgerkriegsgebieten wie Liberia und Sierra Leone. Zwei dieser Initiativen sind:

1) *Kimberley Process Certification Scheme.* Das KPCS wurde 2002 von Diamantenfirmen und Regierungen gegründet. Es handelt sich um eine freiwillige Selbstregulierung, die auf die Zertifizierung von Diamanten abzielt. Das Zertifizierungssystem wurde allerdings nur in wenigen Ländern wie Südafrika, Botswana und Namibia umgesetzt, während es in der Demokratischen Republik Kongo und Angola gescheitert ist. Probleme bei der Umsetzung sind u. a. mangelnder politischer Wille seitens der Regierungen, Schwierigkeiten der Kontrolle der Diamantenförderung im informellen Bergbau sowie die Fälschung von Zertifikaten.[7]

2) *Extractive Industries Transparency Initiative:* EITI ist eine 2002 initiierte internationale Initiative unter Beteiligung zahlreicher Nichtregierungsorganisationen, Unternehmen und Staaten. Ziel ist die Offenlegung von Finanzströmen zwischen Unternehmen und Staaten. Angestrebt wird das Erreichen von Transparenz über die Zahlungen, die von Unternehmen an die Regierungen der jeweiligen rohstoffreichen Länder geleistet werden. Mitgliedsländer, die ihrer Berichtspflicht nachkommen, erhalten den Status „konform" (*compliant*). Ein nicht konformes Land kann wieder von der Mitgliedsliste gestrichen werden. Probleme bei der Umsetzung sind vor allem, dass der Beitritt freiwillig ist und dass es keine wirksamen Sanktionsmöglichkeiten gegen nicht konforme Länder gibt. Für Regierungen und multinationale Unternehmen besteht der Vorteil eines Beitritts vor allem darin, sich gegenüber internationalen Investoren, Kredit- und Entwicklungshilfegebern gut darstellen zu können.[8]

Um die Macht multinationaler Konzerne zu beschränken und das Steueraufkommen für die einzelnen Volkswirtschaften zu erhöhen, erstellen außerdem Regionalorganisationen neue Richtlinien für Rohstoffförderung und -export, die von Nationalstaaten in Form von Bergbaugesetzen umgesetzt werden.[9] Solche

---

7 M. Müller-Koné, „Débrouillardise: Certifying 'Conflict-Free' Minerals in a Context of Regulatory Pluralism in South Kivu, DR Congo", *Journal of Modern African Studies* 53 (2015) 2, S. 145–168.
8 A. Ackah-Baidoo, „Enclave Development and ‚Offshore Corporate Social Responsibility': Implications for Oil-Rich Sub-Saharan Africa", *Resources Policy* 37 (2012), S. 152–159.
9 T. Ambe-Uva, „Whither the State? Mining Codes and Mineral Resource Governance in Africa", *Canadian Journal of African Studies/Revue canadienne des études africaines* 51 (2017) 1, S. 81–101; E. Tchatchouang, „The Dynamics and Processes Involved in the Emergence of Participatory Mining Codes in Cameroon", in: J. Schubert, U. Engel und E. Macamo, *Extractive Industries and*

globalen Initiativen und Standards gehören zu einer ganzen Reihe von Maßnahmen für neue Formen der Rohstoff-Verwaltung (*resource governance*), die einen Rohstoff-Fluch verhindern sollen.

Changing State Dynamics in Africa. Beyond the Resource Curse, London/New York: Routledge, 2018, 75–88.

6 Extraktive Enklaven und *frontiers* in Afrika

Im Rahmen des SFB 1199 betrachten wir den rezenten industriellen Goldboom in Afrika unter der Fragestellung, ob die weltweit steigende Nachfrage nach Rohstoffen bestimmte Raumformate begünstigt.[1] Im Zentrum steht dabei die Frage, ob die extraktive Enklave ein solches Raumformat darstellt. Wir beziehen uns dabei auf die eingangs genannte These von James Ferguson.[2] Er postulierte, dass sich im Zuge eines globalen „extraktiven Neoliberalismus" Fördergebiete für metallische oder mineralische Rohstoffe in Afrika durch einen Prozess der Einschließung (*enclaving*) der Offshore-Ölförderung angleichen. Das Modell dafür sei der angolanische Staat, wo die politische Elite mit Unterstützung internationaler Banken, Unternehmen und Sicherheitsfirmen den Ölsektor erfolgreich vom Rest der Wirtschaft abgekoppelt habe, um sich Gewinne privat aneignen zu können. Anders, als es das Bild globaler „Kapitalströme" suggeriere, „hüpfe" globales Kapital von einer extraktiven Enklave zur anderen[3]. Extraktive Enklaven seien stärker mit Zentren der globalen Wirtschaft verbunden als mit den Ländern, in denen sie sich etablieren. Dies begünstige unterschiedliche raumbezogene Formen von Regierungsführung (*governance*): Während extraktive Enklaven mit Duldung oder Unterstützung des sie umgebenden Nationalstaats gesetzlich oder physisch abgegrenzt und von privaten Sicherheitsfirmen bewacht werden, wird die Verwaltung der Räume zwischen Enklaven zunehmend nicht-staatlichen Organisationen übertragen oder vernachlässigt. Dies trage dazu bei, dass entgegen dem von internationalen Finanz- und Entwicklungsorganisationen behaupteten kausalen Zusammenhang zwischen guter Regierungsführung (*good governance*) und wirtschaftlicher Entwicklung es oft jene Staaten mit einer eklatant schlechten Regierungsführung sind, die das meiste globale Kapital anziehen und die höchsten Wachstumsraten vorweisen können.

---

1 Teilprojekt B06 „Goldbergbau und Neuregulierungen (sub)nationaler Räume in Afrika" mit Diana Ayeh und Kai Roder. Siehe auch die parallele Studie von Arne Harms zu Kohlenstoffspeichern als „akkretiven Enklaven" im Kontext von Maßnahmen gegen den Klimawandel: A. Harms, *Accretive Enclaves: Carbon Sequestration and Market-based Conservation in India*, Working Paper Series SFB 1199 No. 12, Leipzig 2018, https://research.uni-leipzig.de/~sfb1199/wp-content/uploads/2018/10/WP12_Harms.pdf (zuletzt aufgerufen 25.4.2019)

2 J. Ferguson, „Seeing Like an Oil Company: Space, Security, and Global Capital in Neoliberal Africa", *American Anthropologist* 107 (2005) 3, S. 377–382; J. Ferguson, „Governing Extraction. New Spatializations of Order and Disorder in Neoliberal Africa", in: J. Ferguson, *Global Shadows. Africa in the Neoliberal World Order,* Durham und London: Duke University Press, 2006, S. 194–210.

3 Ferguson, „Seeing Like an Oil Company", S. 380.

Ferguson kontrastiert diese neuen, sozial „dünnen" extraktiven Enklaven in Afrika mit früheren, sozial „dichten" Formen von industriellem Bergbau am Beispiel des kolonialen und nachkolonialen Kupferbergbaus in Sambia, wo Bergarbeiter und ihre Familien in eine paternalistische Unternehmensstruktur und -kultur eingebunden waren. Dieses „dichte" Modell endete in den 1980er Jahren durch den Verfall von Rohstoffpreisen, Korruption, Missmanagement und gewaltsame Konflikte. Arbeitslos gewordene Bergleute und andere Mitarbeiter von Minenunternehmen waren nun auf sich selbst gestellt. Viele hatten größte Schwierigkeiten damit, in der informellen urbanen Wirtschaft oder durch eine „Rückkehr" aufs Land wieder Fuß zu fassen.[4] Es gilt allerdings zu berücksichtigen, dass der sambische Kupferbergbau einen Sonderfall darstellte und sich ein solches „sozial dichtes" System in anderen Bergbaugebieten Afrikas nicht herausbildete.[5]

Ferguson schließt: „it is worth asking whether Africa's combination of privately secured mineral-extraction enclaves and weakly governed humanitarian hinterlands might constitute not a lamentably immature form of globalization but, rather, a quite ‚advanced' and sophisticated mutation of it. If so, the forms of ‚global economy' that have developed in some mineral-rich African countries in recent years might show us not only a theoretically interesting anomaly but also a frightening sort of political–economic model for some other regions that combine mineral wealth with political intractability".[6]

Fergusons These wurde von mehreren Autoren auf verschiedene Fallbeispiele angewandt und modifiziert. Am Beispiel von Katanga in der Demokratischen Republik Kongo beschreibt Jana Hönke das Entstehen von „Festungen der Pro-

---

4 J. Ferguson, *Expectations of Modernity. Myths and Meanings of Urban Life on the Zambian Copperbelt*, Berkeley u. a.: University of California Press, 1999; T. Makori, „Abjects retraités, jeunesse piégée: récits du déclin et d'une temporalité multiple parmi les générations de la ‚Copperbelt' congolaise", *Politique africaine* 131 (2013) 3, S. 51–73; B. Rubbers, *Le paternalisme en question. Les anciens ouvriers de la Gécamines face à la libéralisation du secteur minier katangais (R. D. Congo)*, Paris: L'Harmattan, 2013.

5 R. E. Dumett, *El Dorado in West Africa. The Gold-Mining Frontier, African Labor, and Colonial Capitalism in the Gold Coast, 1875–1900*, Athens/Oxford: Ohio University Press, James Currey, 1998; J. Hönke, „Extractive Orders. Transnational Mining Companies in the Nineteenth and Twenty-First Centuries in the Central African Copperbelt", in: R. Southall und H. Melber (Hg.), *A New Scramble for Africa. Imperialism, Investment and Development*, Scottsville: University of KwaZulu-Natal Press, 2009, S. 274–298; C. Mark-Thiesen, *Mediators, Contract Men, and Colonial Capital. Mechanized Gold Mining in the Gold Coast Colony, 1879–1909*, Rochester: University of Rochester Press, 2018.

6 Ferguson, „Seeing Like an Oil Company", S. 380.

duktion".[7] Diese Festungen umgeben sich jedoch mit einem durchlässigen und flexiblen „Schutzgürtel", innerhalb dessen sie selektiv mit verschiedenen lokalen und translokalen Akteuren interagieren. Hönke betont, dass private Firmen gegenüber dem Staat nicht völlig autonom werden. Es entstünden vielmehr komplexe Geflechte und „Knotenpunkte" der Rohstoff-Verwaltung, in welche nicht nur Regierungen und Unternehmen, sondern auch internationale und nationale Nichtregierungsorganisationen, Aktivistengruppen oder Lokalpolitiker involviert seien, die sich wiederum auf unterschiedliche Normen, Diskurse und Rollenmodelle beziehen.

Hannah Appel illustriert die These Fergusons mit dem Beispiel der Ölförderung in Äquatorialguinea. Mittels einer Rhetorik der Entflechtung (*disentanglement*) verleugnet dort die amerikanische Ölfirma ihre tatsächliche wirtschaftliche und politische Verflechtung mit dem äquatorialguineischen Staat. Die räumliche und diskursive Separation der Ölfirma vom Staat ermöglicht es den Mitarbeitern der Firma, Armut, Umweltschäden und Korruption „dort draußen" zu beklagen, als wären sie nicht selbst integral in deren Fortbestehen verstrickt. Dies erfordert ständige „Distanzarbeit" (*distancing work*), z. B. in Form hochritualisierter Sicherheitsroutinen.[8]

Die Entstehung extraktiver Enklaven hat unmittelbare räumliche Effekte wie z. B. Landschaftswandel, Baumaßnahmen und damit einhergehende sozialräumliche Segregation. Appel kontrastiert am Beispiel der Ölförderenklave in Äquatorial-Guinea zwei unterschiedliche urbane Räume: einerseits die luxuriöse, abgeschottete Wohnsiedlung für das amerikanische Personal der Ölfirma und andererseits die benachbarte Hauptstadt Malabo, in der es trotz der Öleinnahmen an grundlegender Infrastruktur mangelt. Sowohl der Staat als auch die Ölfirma lehnen die Verantwortung für die öffentliche Infrastruktur ab. Gleichzeitig fordert der Staat von der Ölfirma, Prestigebauten zu errichten, deren einzige Funktion die Symbolisierung von „sichtbarem Investment" ist.[9]

Entgegen der Annahme, das Entstehen von extraktiven Enklaven verringere automatisch die Souveränität von Nationalstaaten, verweisen Emel et al. mit

---

7 J. Hönke, *Transnational Pockets of Territoriality. Governing the Security of Extraction in Katanga (DRC)*. Working Paper Series of the Graduate Centre Humanities and Social Sciences of the Research Academy Leipzig 2 (2009).
8 H. C. Appel, „Offshore Work: Oil, Modularity, and the How of Capitalism in Equatorial Guinea", *American Ethnologist* 39 (2012) 4, S. 692–709, hier S. 706.
9 H. C. Appel, „Walls and White Elephants: Oil Extraction, Responsibility, and Infrastructural Violence in Equatorial Guinea", *Ethnography* 13 (2012) 4, S. 439–465.

Bezug auf Agnews[10] „Regime der Souveränität" darauf, dass Nationalstaaten und multinationale Unternehmen interdependente Akteure sind.[11] Die Prozesse der Aushandlung von „Rohstoff-Souveränität" (*resource sovereignty*) in Tansania resultieren in einer Form der „Staat-Kapital-Souveränität" als Konstellation von sich gegenseitig verstärkenden Bedingungen und Zwängen, welche der Staat Unternehmen auferlegt und umgekehrt.

Ähnlich argumentieren Muriel Côte und Benedikt Korf mit Bezug auf die Goldförderung in Burkina Faso, dass es hier zu einer „Koproduktion" von Regulierung zwischen Staat und nicht-staatlichen Akteuren bzw. zu einer „Plurifizierung" regulativer Autorität komme.[12] Industrieller, formeller und nicht-industrieller, informeller Bergbau überlappen in ihrem Beispiel aus dem Norden des Landes auf demselben Gebiet. In den Aushandlungen über die Tolerierung von nicht-industriellem Bergbau auf einem konzessionierten Bergwerk kommen unterschiedliche Interessen und Legitimitäten zum Tragen, wobei das ausländische Unternehmen nicht immer am längeren Hebel sitzt. Die Persistenz des nicht-industriellen Bergbaus führt zu neuen Formen von Regulierung seitens des Staates in Form neuer Institutionen für Ressourcenverwaltung und Sicherheit. Gleichzeitig etablieren sich Akteure des nicht-industriellen Bergbaus durch Kommunalwahlen als Lokalpolitiker und verstärken dadurch die Bedeutung des Staates. So erlange der Staat „durch die Hintertür" Zugang zu einer extraktiven Enklave.

Géraud Magrin vergleicht die extraktive Enklave mit einer Zwiebel: jede Lage enthalte eine weitere Form von Kontrolle und Zwang.[13] Eine Form von Unterenklave sind beispielsweise die Unterkünfte für weiße Mitarbeiter in einem Holzfäller-Camp in der Demokratischen Republik Kongo, die von den Unterkünften schwarzer Mitarbeiter getrennt sind.[14] Kontrollen seien dort besonders strikt, wo ein Rohstoff leicht gestohlen werden könne. Andererseits könnten die von Bergbauunternehmen errichteten Infrastrukturen wie Straßen, Brücken oder Tele-

---

10 J. Agnew, „Sovereignty Regimes: Territoriality and State Authority in Contemporary World Politics", *Annals of the Association of American Geographers* 95 (2005) 2, S. 437–461; Ders., *Globalization and Sovereignty*, Lanham MD, 2009.

11 J. Emel, M. T. Huber und M. H. Makene, „Extracting Sovereignty: Capital, Territory, and Gold Mining in Tanzania", *Political Geography* 30 (2011), S. 70–79.

12 M. Côte und B. Korf, „Making Concessions: Extractive Enclaves, Entangled Capitalism and Regulative Pluralism at the Gold Mining Frontier in Burkina Faso", *World Development* 101 (2018), S. 466–476.

13 G. Magrin, *Voyage en Afrique rentière*, Paris: Publications de la Sorbonne, 2013, S. 225.

14 T. Hendriks, „A Darker Shade of White: Expat Self-Making in a Congolese Rainforest Enclave", *Africa* 87 (2017) 4, S. 683–701.

fonmasten auf lokaler Ebene zu einer Auflösung von Isolation (*désenclavement*) führen.[15]

Benjamin Rubbers zeigt am Beispiel von Arbeitersiedlungen im kongolesischen Kupfergürtel, dass Bergbau unterschiedliche Arten von Räumen hervorbringt.[16] Diesen Prozess prägen wiederum über verschiedene historische Phasen hinweg unterschiedliche Akteure, Machtstrategien und staatliche Regulierungsbemühungen, die sich nicht alle unter das „Dampfwalzenkonzept" der Enklave subsumieren ließen. Unter anderem könne das Konzept historischen Wandel und regionale Unterschiede nicht erfassen.

Auch nicht-industrieller Bergbau kann Enklaven hervorbringen. Jean Omasombo Tshonda beschrieb Diamanten-Schürfgebiete in abgelegenen Gegenden Zaïres (heute Demokratische Republik Kongo), die sich zu „Staaten im Staat" entwickeln konnten.[17] Gewaltunternehmer etablierten dort Lager, welche Miniaturversionen des Mobutu-Staates glichen. Der Zugang wurde von „Wachtmeistern" kontrolliert, die Händlern „Aufenthaltsgenehmigungen" erteilten, nachdem diese eine Art Zollgebühr entrichtet hatten. Die Lager waren in Sektionen unterteilt, die jeweils einem Oberhaupt unterstanden. In der Mitte der Lager befand sich ein meterhoher Turm, von dem aus ein „Informationsminister" tägliche Informationen und Anweisungen über Arbeitsregeln, Gemeinschaftsprojekte oder Sanktionen verlautbarte. Handwerkliche Goldminen in Burkina Faso sind extraktive Enklaven in dem Sinne, dass ihre Verwalter (früher eine staatliche Firma, heute Privatunternehmer) zumindest teilweise in der Lage sind, vor Ort von der Regierung unabhängige Machtstrukturen zu etablieren.[18]

Während Ferguson *enclaving* als charakteristischen Modus von Rohstoff-Verwaltung prognostiziert, steht in anderen Diskussionen über extraktive Aktivitäten die *frontier* im Vordergrund. In Diskursen über Bergbau ist die Enklave eine von mehreren wiederkehrenden Raummetaphern, die in den Kategorien des SFB 1199 „imaginierte Raumformate" anzeigen können. Daneben tritt prominent auch die Metapher der *frontier* auf. Wenn etwa Shreshta und Smith den afrika-

15 Magrin, *Voyage en Afrique rentière*, S. 424.

16 B. Rubbers, „Mining Towns, Enclaves and Spaces: A Genealogy of Worker Camps in the Congolese Copperbelt", *Geoforum* (i. E.).

17 J. Omasombo Tshonda, „Les diamants de Kisangani: de nouveaux seigneurs se taillent des fiefs sur le modèle de l'État zaïrois de Mobutu", in: L. Monnier, B. Jewsiewicki und G. de Villers (Hg.), *Chasse au diamant au Congo/Zaïre*, Tervuren, Paris: Institut Africain/L'Harmattan, 2000, S. 79–126.

18 K. Werthmann, „The President of the Gold Diggers: Sources of Power in a Gold Mine in Burkina Faso", *Ethnos* 68 (2003) 1, S. 95–111; Dies., „The Drawbacks of Privatization: Artisanal Gold Mining in Burkina Faso 1986–2016", *Resources Policy* 52 (2017), S. 418–426.

nischen Kontinent als „last frontier of globalization" für internationale Investoren bezeichnen,[19] so verweisen sie auf vermeintlich unerschlossene Räume sowie auf den Unternehmergeist und die Risikobereitschaft, welche nach Frederick Jackson Turner[20] charakteristisch für die europäischen Pioniere im amerikanischen Westen waren und den US-amerikanischen Nationalcharakter prägten. Historiker wie Turner sowie viele autobiographische und fiktionale Werke trugen zu einer Romantisierung der *frontier* bei, welche die heroische Erschließung neuer Räume symbolisiert.[21]

Igor Kopytoff wandte das Konzept der *frontier* auf historische Prozesse im vorkolonialen Afrika an, wo sich in territorialen und politischen Zwischenräumen bzw. innerhalb eines „institutionellen Vakuums" neue Arten von politischer Organisation und Gesellschaft herausbilden konnten.[22] Dumett verwendete die Bezeichnung *frontier* und „Eldorado" in seiner Studie zum kolonialen Goldbergbau in Ghana.[23] Er argumentiert, dass der Goldboom von 1877 bis 1897 durch die Ausbreitung von zwei parallelen *frontiers* geprägt war: einer afrikanischen und einer europäischen. Arbeiter im industriellen Bergbau führten neue Technologien in den bereits existierenden handwerklichen Bergbau ein, der dadurch konkurrenzfähig wurde.

Filip De Boeck spricht mit Bezug auf Diamantenfördergebiete in Angola davon, dass das „frontier setting" der Schürfgebiete nicht nur eine spezifische Verräumlichung meine, sondern ein Geisteszustand (*state of mind*) sei, in dem lokale und globale Vorstellungswelten über Männlichkeit, Wohlstand und Konsum miteinander verschmelzen.[24] Tilo Grätz beschreibt Goldfördergebiete in Westafrika als „frontiers of artisanal mining",[25] in denen lokale kleinbäuerliche

---

19 N. R. Shrestha und W. I. Smith „Plowing the Last Frontier of Globalization: Management Implications for Africa's Development", in: S. Sigué (Hg.), *Repositioning African Business and Development for the 21st Century*, Proceedings of the 10th Annual Conference, IAABD, 2009.

20 F. J. Turner, *The Frontier in American History*, The Floating Press (Epub), 2014 [1893].

21 G. Pisarz-Ramirez, S. Wöll und D. Bozkurt, *Spatial Fictions: Imagining (Trans)national Space in the Southern and Western Peripheries of the Nineteenth Century United States*, Working paper series SFB 1199 No. 10 (2018).

22 I. Kopytoff, „The Internal African Frontier – the Making of African Political Culture", in: I. Kopytoff (Hg.), *The African Frontier. The Reproduction of Traditional African Societies*, Bloomington/Indianapolis: Indiana University Press, 1987, S. 3–84.

23 Dumett, *El Dorado in West Africa*.

24 F. De Boeck, Filip, „Garimpeiro Worlds: Digging, Dying und ‚Hunting' for Diamonds in Angola", *Review of African Political Economy* 28 (2001) 90, S. 548–562.

25 T. Grätz, „Les frontières de l'orpaillage en Afrique occidentale", *Autrepart* 2 (2004) 30, S. 135–150; Ders., *The ‚frontier' revisited: gold mining camps and mining communities in West Africa*, ZMO Working Papers 10 (2013).

Gemeinden und zugewanderte Schürfer neue Formen von Arbeit und sozialen Beziehungen erproben.[26] Deborah Fahy Bryceson und Paul Yankson charakterisieren den handwerklichen Bergbau in Ghana und Tansania als „frontier livelihoods", die mit einer „frontier mystique" verbunden seien: das geologische und soziale Unbekannte werde mit enormem wirtschaftlichen Potential assoziiert.[27] Gold- und Diamantenfrontiers sind darüber hinaus liminale Räume, in denen junge Männer einen initiationsähnlichen Übergang zum Erwachsenenstatus durchlaufen.[28] Sie sind aber auch Zufluchtsorte für Männer und Frauen, die aus verschiedenen Gründen nicht in ihre Herkunftsgemeinschaften zurückkehren können oder wollen sowie Heterotopien für unkonventionelle Lebensweisen und Geschlechterverhältnisse.[29] Wie in Kopytoffs Modell beziehen sich diese neuen Lebensformen auf vorhandene soziale Ordnungen und staatliche Regelungen, bringen aber auch Innovationen hervor, z. B. im Bereich der Risikoteilung.

Luigi Arnaldi di Balme und Cristiano Lanzano beschreiben einheimische Privatunternehmer im handwerklichen Goldbergbau von Burkina Faso als „frontier entrepreneurs", die diesen Sektor im Zuge der Liberalisierung neu strukturieren.[30] Bryceson et al. postulieren, dass Grubenbesitzer und Schürfer in Tansania aufgrund ihrer Erfahrungen mit Selbstorganisation, sozialer Heterogenität und flachen Hierarchien einen „frontier ethos" teilen und daher tendenziell demokratischer eingestellt seien als andere Landsleute.[31]

In einer Fußnote erwähnte Frederick Jackson Turner auch Spieler, Desperados und Vigilanten als „gesetzeslose" *frontier*-Typen. Diese Typen kehren in Morten

---

26 K. Werthmann und T. Grätz (Hg.), *Mining Frontiers in Africa. Anthropological and Historical Perspectives*, Köln: Köppe, 2012.

27 D. F. Bryceson und P. Yankson, „Frontier Mining Settlements: Livelihood Promises and Predicaments", in: J. Agergaard, N. Fold und K. V. Gough (Hg.), *Rural-Urban Dynamics: Livelihoods, Mobility and Markets in African and Asian Frontiers*, London: Routledge, 2010, S. 189–197.

28 F. De Boeck, „Domesticating Diamonds and Dollars: Expenditure, Identity and Sharing in Southwestern Zaire", *Development and Change* 29 (1998), S. 777–810.

29 K. Werthmann, *Bitteres Gold. Bergbau, Land und Geld in Westafrika*, Köln: Köppe, 2009; Dies., „Following the Hills: Gold Mining Camps as Heterotopias", in: U. Freitag und A. von Oppen (Hg.), *Translocality: The Study of Globalising Processes from a Southern Perspective*, Leiden: Brill, 2010, S. 111–132.

30 L. Arnaldi di Balme und C. Lanzano, „'Entrepreneurs de la frontière': le rôle des comptoirs privés dans les sites d'extraction artisanale de l'or au Burkina Faso", *Politique africaine* 3 (2013) 131, S. 27–49.

31 D. F. Bryceson, E. Fisher, J. B. Jønsson und R. Mwaipopo (Hg.), *Mining and Social Transformation in Africa: Mineralizing and Democratizing Trends in Artisanal Production*, London: Routledge, 2014.

Bøås' Darstellung der *borderlands* wieder.[32] Bøås bezieht sich auf „Konfliktökonomien", die Schürfern, Kaufleuten und Kriegern ein geeignetes Umfeld für Aktivitäten bieten. *Borderlands* sind nicht vollständig vom Nationalstaat abgekoppelt, liegen oft aber außerhalb der Reichweite von Regierungen, insbesondere im Fall von Bürgerkriegsgebieten, die von Rebellengruppen kontrolliert werden. In diesen *borderlands* gedeihen informelle wirtschaftliche Aktivitäten wie handwerklicher Bergbau und Schmuggel.

Bøås' Konzept von *borderlands* erinnert an Georg Elwerts „Gewaltmärkte"[33] als „sich reproduzierende wirtschaftliche Systeme der Gewaltnutzung und Gewalterzeugung"[34]. „Gewaltmanager" wie Kriegsherren verschaffen sich und ihrer Gefolgschaft ein Einkommen und können unter Umständen der betroffenen Bevölkerung relative Sicherheit bieten. Andere agieren als Gewaltherrscher, die die lokale Bevölkerung ausbeuten, vertreiben oder vernichten. Informelle Netzwerke und „twilight institutions"[35] können die *borderlands* mit Machtzentren verbinden. Dies ist der Fall beim Big Man, der politische Vernetzung und wirtschaftliche Potenz kombiniert. Er profitiert von einer Konfliktökonomie, da er Informationen von verschiedenen Seiten bezieht. Durch Redistribution, Überzeugung und Gewalt kann er Kapital und Gefolgschaft mobilisieren.[36] *Borderlands* sind Möglichkeitsräume für unternehmerische und gut vernetzte Individuen, personifiziert im Big Man. Für viele andere sind sie Räume der Einschränkung und Unterdrückung durch Gewaltunternehmer.

Auch wenn *frontiers* und *borderlands* Ähnlichkeiten aufweisen, betont Michael Watts, dass die *frontier* als spezifischer sozialer Raum durch ihr Verhältnis zu Institutionen und Prozessen – insbesondere des Staates – bestimmt ist.[37]

---

32 M. Bøås, *The Politics of Conflict Economies: Miners, Merchants and Warriors in the African Borderland*, London: Routledge, 2015.

33 G. Elwert, „Markets of Violence", in: G. Elwert, S. Feuchtwang und Dieter Neubert (Hg.), *Dynamics of Violence. Processes of Escalation and De-Escalation in Violent Group Conflict* (Sociologus Beiheft 1), Berlin: Duncker und Humblot, 1999, S. 85–102.

34 G. Elwert, „Wie ethnisch sind Bürgerkriege? Der Irrglaube, daß Bürgerkriege kulturelle Wurzeln haben", *E+Z Entwicklung und Zusammenarbeit* 10 (1998), S. 265–267, hier S. 267.

35 C. Lund (Hg.), *Twilight Institutions: Public Authority and Local Politics in Africa*, Oxford: Wiley-Blackwell, 2007.

36 Werthmann, „The President of the Gold Diggers"; S. W. J. Luning, „Gold Mining in Sanmatenga, Burkina Faso: Governing Sites, Appropriating Wealth", in: J. Abbink und A. v. Dokkum (Hg.), *Dilemmas of Development: Conflicts of Interest and their Resolutions in Modernizing Africa*, Leiden: African Studies Centre, 2008, 195–211; M. Utas, „ Introduction: Bigmanity and Network Governance in Africa", in: Ders. (Hg.), *African Conflicts and Informal Power: Big Men and Networks*, London: Zed Books, 2012, S. 1–34.

37 M. J. Watts, „Frontiers: Authority, Precarity, and Insurgency at the Edge of the State", *World Development* 101 (2018), S. 477–488.

Frontiers sind Räume, in welchen Formen von Herrschaft und Autorität instabil und umstritten sind. Wie er an zwei unterschiedlichen Beispielen aus Nigeria (Konflikte um Öl in Südnigeria, Boko Haram in Nordnigeria) zeigt, sind die Aufstände an diesen *frontiers* ein Ergebnis einer tiefen Krise von Autorität und Herrschaft sowie einer fundamentalen Prekärität der Lebensumstände, insbesondere für junge Männer. Beides ist wiederum ein Resultat des nigerianischen *resource curse.*

In den hier aufgeführten Verwendungen ist die *frontier* sowohl ein konkreter als auch ein imaginierter Raum, der von Vorstellungen über ein anderes und besseres Leben geprägt wird. Dabei besteht wie an der historischen *frontier* in den USA des 19. und frühen 20. Jahrhunderts die Tendenz, die bereits dort lebenden Menschen und deren Landnutzungsformen zu übersehen oder für irrelevant zu erklären.[38] Der Bezug auf die *frontier* des historischen amerikanischen Westens enthält aber auch die Gefahren, die ihr innewohnen, sowie die mit der Erschließung verbundene Gewalt gegen andere. Das Konzept der *frontier* ermöglicht es, diese ambivalenten Aspekte der Rohstoff-Förderung zu erfassen.

Es fällt auf, dass die beiden Metaphern der Enklave und der *frontier* in einem engen inhaltlichen Zusammenhang auftreten und in bestimmten Diskursen als geeignet angesehen werden, gemeinsam eine Transformation der Raumordnung zu beschreiben. Dies kann ein Indikator dafür sein, dass Enklave und *frontier* auch in der Praxis des Verräumlichens einen direkten Zusammenhang bilden. In der historischen Analyse von Verräumlichungsprozessen während der Herausbildung der extraktraktiven Industrie im kolonialen Tansania zeigt sich eine enge Verwobenheit von *frontier* und Enklave. *Frontiers*, welche oft als „leere" oder „herrenlose" Gebiete angesehen werden, bieten dabei den Rahmen für Territorialisierungsprozesse seitens (kolonialer) Bergbauunternehmen oder individueller Akteure, welche durch den Erwerb staatlicher Lizenzen formalisiert und legitimiert werden. Die im vermeintlich herrenlosen Terrain produzierten Territorien, oft fernab des Firmensitzes oder des effektiven Einflussbereiches der Kolonialregierung, sehen sich jedoch mit der Territorialität anderer Akteure wie lokaler Bevölkerungsgruppen konfrontiert. Die Intensivierung territorialer Praktiken seitens der Unternehmen oder anderer Akteursgruppen kann zu *enclaving* führen, da die Abschottung und Sicherung des eigenen, zur Ressourcenförderung vorgesehenen, Territoriums gegenüber Einflüssen von außen angestrebt wird. Dies geschieht auch mit Unterstützung des kolonialen Staates, beziehungsweise der

---

38 S. W. J. Luning, „Mining temporalities: Future perspectives", *The Extractive Industries and Society* 5 (2018), S. 281–286.

Unternehmen und Muttergesellschaften. Auf diese Weise produzierte Enklaven stellen Inseln der Stabilität inmitten fragiler Umgebungen dar.[39]

Die skizzierte Beziehung zwischen *frontier* und Enklave lässt sich auch in rezenten Ressourcenbooms nachvollziehen. Côte und Korf sehen Konzessionsgebiete für industrielle Goldproduzenten in Burkina Faso als *frontiers*, weil dort gleichzeitig andere *frontier entrepreneurs* wie handwerkliche Goldschürfer und Lokalpolitiker um die Regulierung der Förderung ringen: „Such concession gives rise to a form of entangled capitalism that profits both frontier entrepreneurs, the exploration concessionary and the orpaillage miners, and it is an integral part of the conditions under which extractive enclaves emerge".[40]

Auch in unserer eigenen Forschung zum Goldbergbau in Burkina Faso und Tansania konnten wir beobachten, dass Tendenzen zur Enklavenbildung im industriellen Bergbau begrenzt oder verhindert werden durch andere Organisationen und Institutionen. Das ist zum einen die *artisanal mining frontier*, aber auch andere Akteure um Umfeld eines Bergbauprojektes. Anders als es Fergusons Bild vom „hüpfenden" Kapital suggeriert, welches seine Berührung mit dem betreffenden Staat auf ein Minimum reduziert, müssen sich multinationale Bergbauunternehmen heute zumindest symbolisch transnationalen und nationalen Regulierungsinstanzen und -formen anpassen und/oder vor Ort mit zunehmend selbstbewussten Lokalregierungen und zivilgesellschaftlichen Organisationen interagieren.

In Tansania versucht die Regierung, eine Enklavenbildung durch Betonung nationalstaatlicher Souveränität einzuschränken. Mit Maßnahmen wie Exportverboten, Beschlagnahmung von Erzkonzentraten, neuen Gesetzen sowie schwerwiegenden Anschuldigungen, welche Betrug und Steuerhinterziehung beinhalten, zwang die Regierung den größten Goldproduzenten des Landes Acacia Mining an den Verhandlungstisch. Die Gesetzesänderungen sehen unter anderem eine stärkere Rolle des Staates in der Regulierung der Rohstoffförderung vor, etwa durch direktes Engagement in Joint Ventures oder die Akquise von Unternehmensanteilen. Abgesehen von einer Radikalisierung des bereits seit einiger Zeit bestehenden Ressourcennationalismus mithilfe national-populistischer Rhetorik sind auch neo-extraktivistische Tendenzen in Tansania vorzufinden, welche für den Staat nicht nur die Rolle des Empfängers von Rohstoffrenten vorsehen, sondern des zentralen Akteurs in der Durchführung und Kontrolle

---

39 Hönke, „Extractive Orders".
40 Côte und Korf, „Making Concessions", S. 472.

extraktiver Praktiken und in der Verteilung der Profite. Dies wird auch als Rückkehr des „Entwicklungsstaates" gedeutet.[41]

In Tansania versucht der Staat, direkteren Zugriff auf die Förderstätten der multinationalen Konzerne zu erhalten. Die Unternehmen versuchen dies zu verhindern, indem beispielsweise Regierungsbeamte am Betreten von Minengeländen gehindert werden. 2018 ließ Präsident Magufuli durch das Militär eine Mauer um die Tansanit-Minen im Norden des Landes errichten, um dem Raubbau durch Unbefugte vorzubeugen und die staatliche Kontrolle über Förderung und Export zu erhöhen. Weiterhin gab es im Rahmen der Verhandlungen mit Acacia Mining Bestrebungen, die stark durch eine Betonung nationalstaatlicher Territorialität gekennzeichnet waren. So verlangte die tansanische Regierung die Verlegung des Firmensitzes und der Firmenkonten von Acacia nach Tansania.

Historisch betrachtet zeigt sich in Tansania ein Zickzack von „sovereignty regimes". Die aktuell beobachtbaren Tendenzen erinnern deutlich an die sozialistische Ära Tansanias (1961–1985) unter Julius Nyerere, während welcher der Entwicklungsstaat als zentraler, regulierender Akteur vollständige territoriale Souveränität anstrebte. Im Kontrast dazu standen die koloniale Periode (1885–1961) sowie die Zeit der Liberalisierung (seit 1985), welche durch geringe staatliche Kontrolle oder aktive Unterstützung eine Enklavenbildung begünstigten. Folglich zeigt sich am Beispiel des Bergbaus in Tansania, dass Enklavenbildung kein rezentes Phänomen ist, sondern auch historisch von Aushandlungen zwischen staatlichen und nicht-staatlichen Akteuren geprägt war. Der Nationalstaat verliert im Zug der Globalisierung nicht unbedingt seine Relevanz, sondern kann, wie z. B. auch in Lateinamerika, eine stärkere Rolle als Hauptakteur für eine ressourcenbasierte Entwicklungspolitik (Neoextraktivismus) anstreben.[42]

In Burkina Faso sind es neben der Regierung auch Akteure auf anderen Ebenen, die Tendenzen zur Enklavenbildung entgegentreten.[43] Die derzeitige Situation in Burkina Faso ist vom politischen Umbruch infolge des Volksaufstandes 2014 und der Neuwahlen 2015 geprägt. Das Regime von Blaise Compaoré (1987–2014) war u. a. wegen der Korruption im Bergbausektor unter Druck geraten. Burkina Faso ist Mitgliedsstaat der Regionalorganisationen Economic Community of West African States (ECOWAS) und der West African Economic and Monetary

41 T. Jacob und R. H. Pedersen, „New Resource Nationalism? Continuity and Change in Tanzania's Extractive Industries, *The Extractive Industries and Society* 5 (2018) 2, S. 287–292; K. Roder, „'Bulldozer Politics'. State-Making and (Neo-)Extractive Industries in Tanzania's Gold Mining Sector", *The Extractive Industries and Society* 6 (2019), S. 407–412.
42 Ebd.
43 K. Werthmann und D. Ayeh, *Processes of Enclaving under the Global Condition: The Case of Burkina Faso*, SFB 1199 Working Papers 4 (2017); Werthmann, „The Drawbacks of Privatization".

Union (WAEMU). WAEMU formulierte 2003 einen *Common Mining Code*, an dem sich die Mitgliedsländer orientieren sollten. ECOWAS erließ im Jahr 2009 die *Directive on the Harmonization of Guiding Principles and Policies in the Mining Sector.* Die ECOWAS-Direktive enthält u. a. die Bestimmung, dass Firmen von den örtlichen Gemeinschaften freie, vorherige und informierte Zustimmung erhalten müssen, bevor die Erkundungsarbeiten beginnen können sowie vor jeder nachfolgenden Phase von Bergbau- und Bergbaufolgeaktivitäten. Diese Vorgaben sollen einerseits die Attraktivität westafrikanischer Länder für ausländische Investoren erhöhen, andererseits den Staaten eine größere Handhabe bezüglich der Gewinne aus dem Bergbau und ihrer Verwendung ermöglichen. In Burkina Faso trat 2015 ein reformiertes Bergbaugesetz in Kraft, welches Gebühren, Steuern und Abgaben für multinationale Unternehmen neu regelt. Bergbau-Unternehmen sollen nun höhere Gebühren, Steuern und Abgaben entrichten.

In den Anrainergemeinden von Bergbauprojekten sind zunehmend zivilgesellschaftliche Organisationen und Bündnisse aktiv. Hinzu kommen spontane Zusammenschlüsse von Jugendlichen oder von durch Bergbau von Enteignung Betroffenen, die gegenüber multinationalen Unternehmen ihre Rechte auf Zugang zu Land, Wasser und Anbauflächen einfordern. Proteste können mit Vandalismus und der Zerstörung von (Minen-)Infrastruktur einhergehen. Ihren „Anteil am Gewinn" fordern Protestbewegungen dabei nicht nur von den Unternehmen selbst ein, sondern auch vom Staat als Verwaltungs- und Verteilungsinstanz der Bergbaurente oder von lokalen Bündnispartnern der Unternehmen.[44]

Dass in Burkina Faso Aushandlungen mit Unternehmen heute auch in den Anrainergemeinden der Bergbauprojekte stattfinden, steht u. a. im Zusammenhang mit dem seit 1998 in Gang gesetzten Dezentralisierungsprozess und den ersten landesweiten Kommunalwahlen 2006. In Bezug auf Bergbaurechte ist hier vor allem die im Bergbaugesetz von 2015 vorgesehene Einrichtung eines „Bergbaufonds für lokale Entwicklung" bedeutend, welcher durch die lokalen Gebietskörperschaften (Kommunen) verwaltet werden soll, bislang aber noch nicht eingerichtet wurde. Der Fonds könnte insofern entscheidend zu einem weiteren *de-enclaving* des burkinischen Bergbausektors beitragen, als dass auch lokale Gebietskörperschaften von der nationalen Bergbaurente profitieren würden. Bisher sind von Bergbau betroffene Gemeinden vor allem vom „goodwill" der Unternehmen abhängig, welche ethische Leitlinien und Programme wie z. B. im

---

44 Ayeh o. J., mining-conflicts-burkina.net.

Rahmen der Extractive Industries Transparency Initiative mehr oder weniger konsequent umsetzen, um dadurch eine „social license to operate"[45] zu erwerben.

Im Zuge von extraktiven Aktivitäten tritt Enklavenbildung nicht nur in Konkurrenz zum Nationalstaat auf, sondern auch zur Aneignung und Verwaltung natürlicher Ressourcen durch Akteure auf lokaler Ebene. Dies sind beispielsweise handwerkliche Schürfer, aber auch Anwohner der Bergbaugebiete, die keinen Zugang zu Entschädigungszahlungen oder zu Beschäftigungen im Bergbau erhalten. In den Aushandlungen oder Kämpfen über die Instanzen und Mechanismen, die den Zugang zu natürlichen Ressourcen regeln, wird jedoch deutlich, dass Akteure sich keineswegs immer mit einer Stimme gegenüber multinationalen Unternehmen positionieren. Es existieren vielmehr unterschiedliche Vorstellungen darüber, welche Räume und Akteure wie vom Rohstoffboom profitieren sollten und welche nicht.

Vor Ort schließen Akteure strategische Bündnisse und vernetzen sich auf verschiedenen Ebenen. So kommt es beispielsweise im Zuge von lokalen Protesten gegen multinationale Unternehmen zur Mobilisierung einer nationalen bzw. internationalen Öffentlichkeit.[46] In Burkina Faso sind in mehreren vom Bergbau betroffenen Gemeinden Ortsgruppen der linksgerichteten *Organisation démocratique de la jeunesse* (ODJ) aktiv und unterstützen die lokale Bevölkerung bei der Formulierung und medialen Verbreitung von Forderungskatalogen oder der Organisation von Protestaktionen. Angehörige der ODJ beteiligten sich in Houndé im Westen des Landes 2016 an einer Exkursion einer lokalen Vereinigung von Gewerbetreibenden und Jugendlichen nach Ouahigouya in einem nördlichen Landesteil. In beiden Orten betreibt das multinationale Unternehmen Endeavour industrielle Goldminen. Durch die Exkursion sollten die Teilnehmenden aus Houndé Informationen über die teilweise erfolgreichen Proteste und Verhandlungen in Ouahigouya erhalten als Grundlage für die weitere Planung von Aktivitäten in Houndé. Mitglieder der ODJ sind wiederum international vernetzt und repräsentieren die Organisation z. B. auf Veranstaltungen in Europa.

Eine andere im ganzen Land aktive zivilgesellschaftliche Organisation ist die *Organisation pour le Renforcement des Capacités de Développement* (ORCADE). Sie organisiert u. a. Veranstaltungen für Bürger und Vertreter von Gebietsköperschaften, um diese über das neue Bergbaugesetz zu informieren. Auf dieser Grundlage können vom Bergbau Betroffene ihre Anliegen formulieren, die sie an

---

45 J. Gehman, L. M. Lefsrud und S. Fast, „Social License to Operate: Legitimacy by Another Name?" *Canadian Public Administration* 60 (2017) 2, S. 293–317.

46 B. Engels, „Wann werden Konflikte manifest? Politische Opportunitätsstrukturen für Proteste gegen Goldbergbau in Burkina Faso", *Peripherie* 37 (2017), S. 146–147, 297–318.

Bürgermeister, Abgeordnete der Nationalversammlung und Unternehmen adressieren.

Enklaven und *frontiers* sind als imaginierte Raumformate in wissenschaftlichen und populären Diskursen über Rohstoffförderung relevant. Die *frontier* wird mit neuen Horizonten und unerschlossenen Ressourcen assoziiert und bietet einen Möglichkeitsraum oder Legitimationsgrund für Unternehmungen verschiedener Art. Während die Rede von der *frontier* eher Offenheit und Chancen suggeriert, werden Enklaven mit Intransparenz und Einschränkungen verbunden. Ein Fördergebiet für Rohstoffe kann beides zugleich sein: aus der Sicht von Unternehmen eine „last frontier of globalization", aus der Sicht betroffener Bevölkerungen eine Enklave („andere Welt", „Staat im Staate" o. a.).

7 Schluss

Die These Fergusons über den Zusammenhang zwischen Rohstoffförderung, globalem Kapital, Souveränität und Regierungsführung ist vor dem Hintergrund von Debatten über Staatlichkeit in Afrika in Disziplinen wie Entwicklungsökonomie, Ethnologie, Geschichtswissenschaft, Politikwissenschaft und Soziologie zu betrachten. Bierschenk konstatiert: „Die existierende Literatur über ‚den' afrikanischen Staat ist allerdings in einem bemerkenswerten Ausmaß von Generalisierungen, Reduktionismus und Normativität gekennzeichnet".[1] Häufig werden Beispiele von (angenommenem) Staatsversagen in Afrika mit einer idealtypischen Staatlichkeit verglichen, die selbst in westeuropäischen Staaten so nicht vorhanden ist. Staaten in Afrika werden dann als klientelistisch, räuberisch, schwach, zerfallend o. a. bezeichnet. Aus einer solchen Sicht erscheinen Staaten (oder gar „der" Staat) in Afrika als defizitär, wenn nicht sogar als irreparabel dysfunktional. Solche generalisierenden Aussagen wurden anhand vieler Fallbeispiele hinterfragt, die sich z. B. mit „Mächten neben dem Staat"[2] beschäftigen. Empirische Forschungen untersuchen daher nicht „den" Staat, sondern Staatlichkeit als fragiles Ergebnis eines fortdauernden Prozesses der Aushandlung zwischen staatlichen und nicht-staatlichen Akteuren.[3]

Unsere Forschungen im SFB 1199 orientieren sich an solchen nicht-normativen, empirischen Ansätzen. Aus einer solchen Sicht muss Fergusons These zumindest als zu vereinfachend kritisiert werden. Er kontrastiert einen *worst case,* den extrem korrupten Ölsektor von Angola, mit einem *best case,* dem wohlfahrtsstaatlich orientierten Kupferbergbau Sambias. Ohne schlechte Fälle im Mindesten beschönigen zu wollen, konnten empirische Belege für eine globale, systematisch zunehmende „Ölähnlichkeit" der Förderung anderer metallischer und mineralischer Rohstoffe bislang nicht erbracht werden. Vielmehr kann in

---

1 T. Bierschenk, „Staaten in Arbeit und arbeitende Staaten in Afrika: Sedimentierungen, Fragmentierungen und normative Dilemmata", in: T. Bierschenk und E. Spies (Hg.), *50 Jahre Unabhängigkeit in Afrika. Kontinuitäten, Brüche, Perspektiven*, Köln: Köppe, 2012, S. 321–347, hier S. 323.
2 A. Bellagamba und G. Klute (Hg.), *Beside the State. Emergent Powers in Contemporary Africa*, Köln: Köppe, 2008.
3 T. Bierschenk und J. P. Olivier de Sardan (Hg.), *States at Work. Dynamics of African Bureaucracies*, Leiden/Boston: Brill, 2014; U. Engel und Gorm Rye Olsen, *Authority, Sovereignty and Africa's Changing Regimes of Territorialization*, Working Paper Series of the Graduate Centre Humanities and Social Sciences of the Research Academy Leipzig 7 (2010); T. Hagmann und D. Péclard, „Negotiating Statehood: Dynamics of Power and Domination in Africa", *Development and Change* 41 (2010) 4, S. 539–562.

Anlehnung an die Forschungen über Staatlichkeit festgestellt werden, dass es immer vom jeweiligen Kontext abhängt, welche Dynamik sich entfaltet.

Aus der Perspektive der These vom Rohstoff-Fluch verringern oder unterbinden die in extraktiven Enklaven aktiven Unternehmen die Teilhabe an der Rohstoffverwaltung und an den hieraus resultierenden wirtschaftlichen Gewinnen und Entwicklungschancen für die betroffenen Nationalstaaten und Anrainergemeinden. Die Regulierung extraktiver Aktivitäten erfolgt auf verschiedenen Ebenen und durch verschiedene Institutionen. In diesem Prozess verändern sich die involvierten staatlichen und nicht-staatlichen Akteure und Institutionen.[4] Eine durch Unternehmen intendierte Abschließung extraktiver Räume kann mit einer intensivierten nationalen und transnationalen Vernetzung von zivilgesellschaftlichen Organisationen beantwortet werden, durch die lokale Akteure sich zu Protesten ermächtigt fühlen. Proteste können aber wiederum Bestrebungen zur Abschottung seitens der Unternehmen nach sich ziehen.

Unsere Untersuchungsergebnisse aus Burkina Faso und Tansania zeigen, dass Vertreter nationaler Regierungen, dezentralisierter Gebietskörperschaften, zivilgesellschaftlicher Organisationen und Anrainergemeinden aktiv versuchen, mehr Zugriffsrechte auf die nationale Bergbaurente und deren Verteilung zu gewinnen. Die Kontrolle von Fördergebieten durch Unternehmen oder Regierungen bleibt unvollständig, da sie zueinander sowie zu anderen staatlichen und nicht-staatlichen Interessengruppen in Konkurrenz treten bzw. mit diesen kooperieren (müssen). Ob diese Bestrebungen letztlich erfolgreich sein werden im Sinne einer gerechteren Verteilung von Rohstoff-Renten, lässt sich noch nicht sagen.

Fallstudien wie die hier vorgestellten bestätigen, dass „Staat", „Zivilgesellschaft", „Unternehmen" oder „Souveränität" keine abstrakten, homogenen und voraussetzungslosen Einheiten sind, sondern soziale Felder, deren Konstitution, Interdependenz und Dynamik einer empirischen Erforschung bedürfen. Selbst wo sich Tendenzen zur Enklavenbildung beobachten lassen, ersetzt das Raumformat Enklave nicht andere Raumformate wie Regionalorganisationen, Nationalstaat oder Gemeinde. Es kommt vielmehr zu verschiedenen Formen von Koexistenz, Koproduktion oder Konkurrenz. Diese immer wieder wandlungsfähigen Raumordnungen weisen auch neue Formen von „Souveränitätsregimes" auf, in denen der Nationalstaat mal mehr, mal weniger präsent ist.

---

4 Siehe z. B. R. Kesselring, „The Local State in a New Mining Area in Zambia's Northwestern Province", in: J. Schubert, U. Engel und E. Macamo, *Extractive Industries and Changing State Dynamics in Africa. Beyond the Resource Curse*, London/New York: Routledge, 2018, S. 129–147.